LE KRACH

DE LA

BANQUE

SAINT-ÉTIENNE
IMPRIMERIE URBAIN BALAY, RUE DE LA BOURSE, 26
Près la rue des Jardins

1889

LE KRACH

DE LA

BANQUE

SAINT-ÉTIENNE
Imprimerie Urbain BALAY, Rue de la Bourse, 26
Près la rue des Jardins

1889

LE KRACH

DE

LA BANQUE

Il y a une vingtaine d'année environ, dans un voyage que je fis aux Etats-Unis, je fus à même de me rendre compte de visû de la façon employée par ce grand peuple pour coloniser son vaste territoire. — Une certaine région venait d'être mise à la disposition des nombreux émigrants qui arrivaient de tous pays ; des lots de terrains en friches furent délivrés par le gouvernement, qui ne s'occupe que d'une chose : tracer des voies de communication, traversant je dirais presque en tous sens, le territoire concédé, et aboutissant à un emplacement réservé, qui réunissait au point de vue de la salubrité, de l'eau potable, etc., les meilleures conditions. — Cet emplacement devait devenir quelques années plus tard le centre d'une grande agglomération humaine, et d'une grande ville commerciale et industrielle.

Je vous entends déjà, amis lecteurs, vous demander par quel phénomène, et au moyen de quelle puissance, ces émigrants arrivant sans sous ni maille pouvaient bien arriver à enfanter de si grandes et de si belles choses; faire sortir d'un sol arride et en friches, des propriétés bien bâties, des cultures de toutes sortes, une ville qui compte aujourd'hui plus de cent mille habitants; en un mot une contrée riante, riche, commerciale et industrielle?

Je vous entends aussi vous tenir ce langage ; c'est très beau d'émigrer, de recevoir un lot de terrain en friches ; mais ce n'est pas tout ; il faut se construire d'abord un abri, il faut des avances pour vivre, il en faut pour défricher, acheter Cheptel, semences, etc., en un mot il en faut, et il en faut beaucoup, pour mettre en valeur et avoir le temps d'attendre que la terre puisse rendre ce qu'on lui a donné.

Comment diable peuvent bien faire ces gens, arrivés sans capitaux, si le gouvernement, suivant ce que vous racontez, ne leur vient pas en aide ? Ces malheureux nous paraissent dès leur arrivée condamnés à la plus noire des misères ?

Eh bien ! comme j'ai l'honneur de vous le dire, le concours du gouvernement américain leur a absolument fait défaut ; le gouvernement ne s'est engagé à rien, si ce n'est d'ouvrir des voies de communication et d'assurer de l'eau, et cependant 10 ans seulement après, tous ces émigrants arrivés sans fortune, sur une concession vierge et en friches, étaient de riches propriétaires ; la ville progressait de jour en jour. Aujourd'hui, c'est-à-dire au bout de 20 ans, elle compte plus de cent mille habitants.

Je comprends que vous trouviez cela étonnant, et je vous vois déjà impatients à dévorer les dernières lignes de mon récit, vous surtout, colons algériens, vous, qui travaillez et luttez depuis plus de 50 ans, vous ne pouvez vous imaginer quelle fée, toute américaine qu'elle soit, puisse avoir une puissance semblable !

Je serais, certainement comme vous, si je ne l'avais vu, et si je ne m'en étais rendu compte par moi-même. — Pour ne pas vous impatienter plus longtemps je vais arriver à vous expliquer cette chose, qui est dès plus simples et des plus pratiques, et pour laquelle la puissance des fées est tout à fait étrangère ; cette affaire que vous considérez déjà et que vous vous êtes, j'en suis persuadé, posé comme un problème insoluble.

Sur l'emplacement réservé à l'édification d'une ville, j'ai vu creuser les fondations de la première maison de cette ville qui était encore dans le néant, et à ce moment, je vous l'avoue franchement, j'aurais tenu avec quiconque, un gros pari que ce terrain désert alors, ne verrait jamais sortir de son sein, et comme par enchantement, une citée de plus de 100,000 habitants surtout dans un laps de temps aussi court (20 ans).

Quelle était donc cette première construction, cette première maison miraculeuse? Etait-ce une église? était-ce une école ? était-ce, quoi, une auberge pour nourir tous ces pauvres sans-culottes que le gouvernement américain avait voué à la plus affreuse des misères? Non ! ce n'était ni l'un ni l'autre, c'était tout simplement un établissement de crédit ; une succursale d'un de ces grands et sérieux établissements comme la capitale du Nouveau-Monde en possède tant. Il venait s'installer au milieu de tous ces nouveaux venus, qu'il n'avait jamais vu ni connu, il venait leur offrir son argent et son crédit.

Je vous vois déjà rire, amis lecteurs, et faire des mouvements d'incrédulité! Sans avoir l'intention de vous offenser, vous êtes comme tous les Français et les Algériens (surtout ceux qui ont la veine de posséder), imbus de ce principe stupide : qu'un financier ou un simple bourgeois ne peuvent raisonnablement prêter qu'aux gens riches, aux gens, en un mot, qui ont de quoi répondre, et même quatre fois de quoi répondre de la somme empruntée! Selon vous, ceux qui agiraient autrement seraient des imprudents et des fous.

Eh bien, permettez-moi de vous le dire, ces principes idiots, et terre à terre, sont une des grandes causes de notre infériorité vis-à-vis du monde nouveau.

Nous avons des intelligences, et de grandes intelligences, qui sont réduites à l'impuissance, faute de l'élément nécessaire : le capital. Ces intelligences végètent, et disparaissent sans avoir pu apporter à la fortune publique, la somme qui leur était imposée par la nature.

En Amérique, au contraire, toutes les intelligences, toutes les bonnes volontés, tous les travailleurs déshérités trouvent facilement l'instrument nécessaire à l'édification de leur fortune personnelle, et, partant, à l'augmentation de la richesse générale.

Aussi, en partant de ces principes que voit-on aujourd'hui dans ce pays ? On voit la fortune partout, on voit un Etat ne sachant que faire de son argent, on voit un gouvernement se creusant la tête pour dépenser de façon à ne pas laisser les capitaux dans l'inaction. Tandis que, sur l'ancien continent, les gouvernements se creusent, au contraire, la tête pour combiner des emprunts, lever des impôts, équilibrer tant bien que mal les budgets.

Lorsque je fis mon voyage en Amérique, j'étais encore bien jeune (je n'avais pas vingt ans) ; mais je possédais déjà quelques notions d'affaires ; je sentais chez moi je ne sais quel sentiment qui me poussait à la recherche de choses inconnues, aux aventures, en un mot. Je trouvais ce que l'on me disait au sujet de cette colonie future, chose tellement extraordinaire : voir de grands espaces en friches et arides, et penser que quelques années plus tard tout cela serait couvert de fermes, de villages, de villes, de cultures de toutes sortes, d'industries, de maisons de commerce, etc. Tout cela fait par des gens arrivant de toutes les parties du monde, ne possédant absolument rien, et avec le seul concours de cette première maison que l'on construisait au milieu de ce désert. Je trouvais, dis-je, cela tellement merveilleux, je dirai même irréalisable, que je me disais en moi-même avec toute la naïveté de ma jeunesse : mais cet établissement de Crédit, son conseil d'administration, son directeur surtout, doivent être des hommes surnaturels ou de rudes fumistes.

Alors un ardent désir me prit d'être présenté au directeur et de faire sa connaissance. Par suite de mes lettres de recommandation que j'avais emportées de France, il ne me fut pas difficile de réaliser mon rêve. Et, en effet, un certain jour je fus emmené au cercle où se rendait d'habitude le directeur de cet établissement. La personne qui m'accompagnait me fit remarquer en arrivant dans un groupe de cinq personnes, qui faisaient une partie de dominos, un personnage de cinquante ans environ, taille au-dessus de la moyenne, gros, le teint coloré, les yeux très vifs, en un mot, je ne lui trouvais rien de distingué, et, certainement, ce n'était pas le type d'homme que je m'étais figuré.

Nous nous fîmes servir chacun une consommation, et attendîmes la fin de la partie de ces Messieurs. Cette partie terminée, mon mentor s'approcha de lui en lui tendant la main, et après l'échange des compliments d'usage, il me présenta. Nous nous saluâmes ; je lui tendis ma carte, il me remit la sienne et voulut bien s'asseoir quelques minutes auprès de nous. J'engageai immédiatement le feu, la conversation.

— Monsieur, lui dis-je, je suis allé faire une excursion dans l'intérieur des terres qui viennent d'être concédées à des émigrants, et j'ai remarqué que l'on commençait l'édification d'une maison. Renseignements pris, on m'a dit que c'était votre Société qui faisait construire une succursale. Mais que diable pensez-vous faire dans ce pays désert où il n'y a pas encore un simple chat d'installé ? J'imagine bien que vous ne pouvez pas encore avoir l'intention d'y entreprendre quoique ce soit en fait d'opérations de banque ? — Il sourit. Au contraire, Monsieur, me répondit-il, nous construisons-là pour y faire de grandes opérations.

— Y aurait-il, Monsieur, indiscrétion à vous demander avec qui vous pensez faire ces opérations, puisque rien n'est encore établi, tout est à faire, et, m'est avis, que ce ne sont pas ces nouveaux venus, que vous ne connaissez pas, qui ne vous offrent aucune surface, soit comme fortune, soit comme moralité, qui peuvent vous procurer les éléments nécessaires à l'alimentation des opérations que vous avez en vue ?

— C'est précisément ce qui vous trompe, Monsieur, c'est parce qu'il n'y a encore rien de fait, rien d'établi, que tout est à faire, que les gens qui arrivent ont besoin absolument de tout, qu'il y a énormément à faire. — Oui, de ce côté je suis de votre avis, il y a beaucoup d'argent à dépenser, mais je suppose bien aussi que vous ne donnerez pas votre argent comme cela, dès le début, sans garantie aucune ? — Erreur, Monsieur, notre but est de proposer une ouverture de crédit à tous ces nouveaux venus, et de leur donner tous les fonds, vous entendez bien, tous les fonds dont ils auront besoin pour mettre en valeur leurs propriétés. — Mais n'éprouvez-vous aucune crainte ? Ne pensez-vous pas que dans le nombre il s'en trouve des malhonnêtes qui prendront les capitaux que vous mettrez à leur disposition et ne feront rien sur leur propriété ? — Oh ! certainement, il s'en trouve de ceux-là ; mais ils ne peuvent pas aller loin. Ainsi, suivant l'importance de la propriété, nous mettons d'abord à la disposition du colon, après nous être fait remettre, au préalable, ses titres de propriété, et sur le rapport d'un inspecteur attaché à la succursale, le crédit nécessaire à l'édification de ses constructions, et toujours sur le rapport de l'inspecteur, nous lui ouvrons de nouveaux crédits, au fur et à mesure du développement de son exploitation. S'il est malhonnête, s'il est paresseux, nous l'expulsons sans autres formes, et remettons entre les mains d'un autre sa concession. C'est donc au début seulement que nous pouvons rencontrer ces quelques inconvénients ; mais jamais lorsque la propriété est terminée ou à peu près, car celui qui a fait ainsi sa propriété, qui l'a arrosé de sa sueur, y est passionnément attaché. Il n'y a que la mort qui puisse l'en séparer ou la vente lorsqu'il est arrivé à un certain degré de fortune, et qu'il veut rentrer dans son pays natal ; dans ce dernier cas, j'ai vu quelques exemples, mais bien peu, ceux qui viennent coloniser ici font de l'Amérique leur nouvelle patrie.

— Il faut tant d'argent et de temps pour arriver à créer complètement une propriété, et l'amener au moment que l'on appelle la pleine production ?

— Certainement, il faut beaucoup d'argent ; mais plus il en faut plus cela fait notre affaire, car nous regorgeons de capitaux, et les capitaux placés dans la propriété sont toujours les plus sûrement placés.

— Vous devez faire payer à ces gens-là de gros intérêts, eu égard aux avantages que vous leur faites ? Et comment exigez-vous le remboursement de vos sommes avancées ? — Erreur, Monsieur, l'intérêt est minime, et suivant la nature des cultures, suivant leur plus ou moins de promptitude au rendement, nous ajoutons chaque trois mois l'intérêt au capital, et nous ne demandons le paiement régulier des intérêts, et un amortissement de 5 % du capital total, que quand la propriété est terminée et en pleine production. L'emprunteur reste toujours libre de se libérer par anticipation, et nos statistiques prouvent que dans toutes nos opérations de ce genre 90 % de nos obligés se sont libérés ainsi.

— Mais votre théorie est superbe, Monsieur, vous avez résolu en Amérique, et en peu de temps, le fameux problème où des économistes et des chercheurs français éminents ont jusqu'à ce jour échoués ; vous avez associé le travail avec le capital ; vous avez, en un mot, démocratisé ce dernier ? — C'est absolument cela, Monsieur. — Je vais rentrer en France et tâcher de propager vos grandes idées, car là aussi il y a des capitaux très importants et inactifs. Nous avons aussi de vastes et belles colonies, dont le sol fertile ne le cède en rien à votre sol américain ! Mais tout chauvin que je vous paraisse en ce moment, je suis obligé de vous confesser que nos capitalistes et nos financiers français ne sont pas à votre hauteur ; vous êtes des géants, et ce sont des nains. Il faudra encore bien du temps, je crois, pour modifier leur éducation d'affaire ! Il sont, en général, terre à terre, timorés, endormis et sans conception. Ils préfèrent souvent laisser dormir des capitaux dans les caves de la Banque de France plutôt que de les employer utilement à nos grands travaux de colonisation et autres qui augmenteraient leur richesse personnelle en même temps que la richesse publique. Aussi, qu'arrive-t-il et qu'arrivera-t-il? C'est que, périodiquement, nous avons de très grandes crises, qui amènent fatalement des bouleversements et des révolutions. Et il arrivera que l'Amérique nous sera tellement supérieure qu'elle finira par nous engloutir. Elle tuera notre agriculture, musèlera et tuera même aussi notre industrie ; elle nous fera une de ces guerres économiques mille fois plus meurtrières que celles qui se vident sur les champs de bataille. Et je ne veux pas seulement parler de la France, mais de tout le vieux monde en général.

Il n'y a donc rien d'impossible, si nous n'y prenons bien garde que nous soyons forcés un jour de venir vous demander notre naturalisation? Il sourit. Je crois que vous exagérez Monsieur, me répondit-il ; mais dans tous les cas, je suis on ne peut plus sensible à vos compliments, et si cette circonstance peu probable arrivait, vous seriez comme tous ceux qui nous viennent, les bien vus, et les bien reçus.

Je pris congé de mon interlocuteur, enchanté de mon entrevue. Ce n'était pas comme je me le figurais, un homme providentiel, mais c'était un homme d'affaires dans toute l'acception du mot. L'affaire que je me figurais irréalisable, ou une fumisterie était une de ces opérations toutes simples ; mais qui malgré cela ne peuvent éclore que sous le climat Américain et avec des têtes Américaines. Les quelques années (20 ans environ) qui me séparent de ce commencement d'exécution que j'ai constaté, me démontrent combien est puissant le crédit quand il est bien ordonné. Aujourd'hui de ce désert aride, de ces broussailles vierges, il n'y en a plus vestige. On y voit une grande ville, des villas, des villages bien contruits, de belles fermes, des cultures variées partout, de l'industrie, du commerce, des habitants dans l'opulence, etc., etc. Cette façon de coloniser n'est elle pas simple, pratique et admirable?

Maintenant je veux essayer de faire un rapprochement entre l'Algérie et cette partie de l'Amérique que j'ai visité, et dont je viens de vous entretenir.

En Algérie, notre sol est certainement aussi beau, et aussi riche, je dirai même d'avantage que le sol Américain, Notre climat surtout y est meilleur. Il y a 50 ans que nous colonisons l'Algérie et actuellement où en sommes nous? Nous en sommes à la veille d'être obligés de quitter cette colonie, que nous avons cependant aussi arrosé de notre sang, de nos sueurs, et dans laquelle une grande partie d'entre nous n'y sont pas arrivés en sans-culottes, mais bien avec de jolies fortunes. Nous voulions en faire notre patrie définitive. Aujourd'hui qu'est-ce qu'il reste de tout cela? Rien, ni espoir, ni argent. Nous avons englouti nos fortunes dans la création de propriétés, nous y avons dépensé toutes nos forces en nous laissant éblouir par les agissements et les conseils coupables d'un établissement de crédit, qui se nomme : Banque de l'Algérie, établissement mal dirigé, mal gouverné qui court à sa perte avec une grande vitesse et entraîne tout avec lui.

Il y a 4 ans environ, après le doublement de son capital, cet établissement qui avait jusque-là marché d'une façon prudente et sage, et qui rendait de réels services à la colonie, se mit à pousser les colons à la création de la propriété, à la plantation de la vigne. Il jetait, c'est le cas de le dire, l'argent par les fenêtres et à la tête de qui conque. Un instant je crus que l'on copiait le système américain. Cependant je ne pouvais me défendre d'une certaine crainte, car je ne voyais pas comme en Amérique donner l'argent directement au travailleur à un intérêt raisonnable avec l'idée bien arrêtée de le soutenir jusqu'à la fin, dans sa lutte avec la nature, car en même temps que l'on jetait cet argent sans conscience et sans réflexion, je voyais créer par cet établissement des intermédiaires entre lui et le vrai destinataire des fonds. Ces intermédiaires pour la plupart sans responsabilité, sans moralité, et ne portant même pas le titre de Français, instituaient à leur profit le drainage de l'usure la plus scandaleuse, au détriment du malheureux Colon. On a vu des taux d'intérêts atteignant 40 %, les plus favorisés étaient traités à 10, 15, 20 et 25 %. Il y a 4 ans tout le monde se plaisait à répéter, que l'usure était la ruine de la colonie et était une des principales causes de l'arrêt de sa marche en avant. Avec quelques amis j'étudiai le moyen de vulgariser le crédit dans la région, de le mettre à la portée de tous ceux qui travaillent et produisent à un taux relativement bon marché. Le comptoir d'Escompte de Philippeville fut donc créé. Le but des créateurs du comptoir d'Escompte était de couper la tête à l'usure, c'était le programme et la ligne qu'ils s'étaient tracés. Un Conseil d'Administration sage et indépendant fut nommé, et ses opérations commencèrent. Les débuts furent salués par l'allégresse de toute une population honnête et laborieuse qui se croyait à tout jamais affranchie des prêteurs à la petite semaine.

Naïfs que nous étions ! Nous y allions de bonne foi, franc jeu bon argent ; mais nous comptions sans le directeur de la succursale de la banque de l'Algérie à Philippeville, un nommé Mollard, ancien directeur des postes et télégraphes de l'Algérie, ami intime du directeur général d'alors (M. Chevalier). Ce bonhomme là, ne connaissant absolument rien aux affaires, vaniteux, autoritaire, et peut-être malhonnête, se plaisant, et figurant beaucoup mieux au milieu du beau sexe que dans son cabinet.

Ce Mollard dis-je, commença d'abord à forcer la main au comptoir d'Escompte pour lui faire prendre les mauvaises affaires de la banque qu'il avait déjà faites lui-même, et obtenir ainsi une signature de plus afin de dégager un peu sa responsabilité. Bien plus, il forçait également ledit comptoir à admettre à son escompte la fiche la plus scandaleuse qui ait jamais existé: La fiche Lhaddo et Rambert, fiche de 1.800.000 francs, dans laquelle on a trouvé 400,000 francs de valeurs signées par des habitants du paradis ou de l'enfer. Le premier conseil d'Administration commença à jeter les hauts cris ; son vice-président était un de ceux parmi ses membres qui criait le plus fort, mais mal lui en prit, car il eut à supporter la haine farouche du maître, de l'autoritaire Mollard, qui n'acceptait pas de discussions et de récriminations et qui exigeait, comme dans un régiment, l'obéissance passive. Son bras droit, son conseiller intime, je dirai même son associé, un certain Calvelli, remplissant pour la forme les fonctions de chef d'Escompte, disait à qui voulait l'entendre, dans les cafés, que la banque arriverait bien à mater et à museler un vice-président aussi désagréable. On s'était même avancé jusqu'à le menacer de la ruine et on a essayé. Mais comme un homme averti en vaut deux, dit le proverbe, ce guincheux vice-président liquida dans les trois mois sa fiche qui s'élevait à 300,000 francs.

Il y laissa de fortes plumes ; mais la banque n'eut pas la satisfaction de mettre ses beaux projets à exécution.

Devant tous ces faits coupables qui avaient poussé notre vice-président à l'exaspération, je me rappelle encore les quelques mots qu'il prononçat sur un ton indigné à l'ouverture d'une séance du conseil.

« Messieurs nous disait-il, mes relations avec la banque de l'Algé-
« rie deviennent de plus en plus tendues, son directeur prétend que
« c'est moi seul qui dirige nos opérations, ma présence parmi vous
« devient donc impossible ; elle sera constamment un sujet de discus-
« sion et de discorde entre le comptoir et la banque, comme je tiens
« avant tout à ce que ces deux établissements vivent en bonne har-
« monie, je vais donner ma démission immédiatement. »

Naturellement, nous fîmes notre possible pour l'en dissuader ; mais quelques jours après cette démission était un fait accompli. Depuis son départ, la situation ne fit qu'empirer d'une façon effrayante, et trois mois après notre président et quatre autres membres du conseil se retirèrent aussi.

Lecteurs, faites vos réflexions, et déduisez vous-mêmes la morale de tout cela !!!

Actuellement le public, et les actionnaires en particulier, savent dans quelle situation se trouve ce malheureux Comptoir d'Escompte sur lequel on avait cependant fondé tant d'espérances.

A qui la faute et toute la faute? A la Banque d'Algérie et rien qu'à elle !

Le bonhomme Mollard avait trouvé à son arrivée à la succursale de Philippeville un portefeuille de quatre millions, qu'il poussa, dans l'espace d'une année, au chiffre vertigineux, incroyable, de douze millions !

Peut-on dire qu'il l'a fait de lui-même sans ordres supérieurs venant d'Alger, où tout au moins s'il n'y a pas eu d'ordres écrits (certainement il n'y a pas eu ordres écrits, car les tripoteurs d'Alger étaient trop malins pour se compromettre ouvertement), n'y a-t-il pas eu un laisser faire et, par conséquent, assentiment tacite de l'administration supérieure ? Certainement, oui.

Quel était donc le but que l'on se proposait d'atteindre ? C'est ce que nous allons examiner.

Le chiffre de douze millions auquel on avait poussé le portefeuille, n'eut certainement pas été une mauvaise opération si cet argent avait été bien distribué, si on l'avait fait parvenir aux colons, aux travailleurs à un taux raisonnable. Avec ces huit millions qui étaient sortis dans l'espace d'un an on pouvait créer et amener en rapport 4.000 hectares de vignes qui, au bout de quatre ou cinq années, auraient donné deux millions de revenus.

La banque serait rentrée facilement dans ses avances et aurait augmenté la fortune publique. Cette affaire terminée, et bien assise, la banque n'avait qu'à recommencer : c'était le système des financiers américains.

Mais point du tout, au lieu de donner cet argent avec intelligence, à celui qui pouvait le faire fructifier, au vrai travailleur, en un mot, elle créa elle-même des intermédiaires, des usuriers, elle n'était même nullement difficile sur le choix de ces tristes personnages : elle acceptait tous ceux qui se présentaient.

A tel ou tel de ces individus elle lui disait : vous exploiterez telle région (exploiter est bien le mot), et c'est ainsi qu'elle a fait exploiter et mettre à sac les régions de Jemmapes, Djidjelli, etc.

Elle a aussi cherché à faire exploiter El-Arrouch, mais heureusement pour ce pays qu'elle n'a pu mettre la main sur personne, ce qui me fait dire qu'il y a encore moins de malhonnêtes gens dans ce pays qu'on pourrait le penser, car le métier d'usurier est un bien vil et bien lâche métier !

Aussi, aujourd'hui, El-Arrouch est relativement prospère, tandis que les régions de Jemmapes, Djidjelli, etc. sont dans la plus noire misère. Et leurs exploiteurs se promènent tranquillement dans les villes d'eau, ne se refusant aucun plaisir, aucune jouissance.

L'écrivain se rappelle qu'il y a bientôt quatre ans, écœuré de tout ce qu'il voyait, fit une démarche à Alger auprès de la direction générale. Pendant trois jours il entretint les gros bonnets de cette direction (le directeur, le sous-directeur et le secrétaire général) de cette situation. Ces Messieurs qui, certainement, étaient bien au courant, et devaient savoir tout ce qui se passait dans les moindres détails, feignaient de l'ignorer et de dormir tranquilles. Après mes révélations et probablement quand ils virent qu'un intrus se rendait compte de leurs sales affaires, ils eurent l'air de se réveiller, et, en effet, huit jours après le directeur et le secrétaire général arrivaient à Philippeville et arrêtaient, où du moins eurent l'air d'arrêter cette danse désordonnée des écus et des billets de banque.

Il fallait bien donner une espèce de satisfaction à l'opinion publique ! Mais les accolytes, mais les usuriers, vous croyez qu'ils furent supprimés séance tenante? Erreur, on laissa ces pieuvres à leur triste besogne : le colon avait encore du sang, il fallait bien finir de le lui sucer !

Cependant, cette situation de Philippeville ne laissa pas que de troubler sérieusement la douce quiétude de nos augustes visiteurs, quand ils virent en quelles mains et contre quel papier on avait donné les écus et les billets de la Banque ! Cela est tellement vrai et ressort si bien que, peu de temps après, le directeur général donna sa démission. Un grand nombre de mutations eurent également lieu dans les succursales.

Devant tous ces faits que j'ai suivi pas à pas depuis quatre ans, je me suis souvent posé ces interrogations :

Mais pourquoi fait-on tout cela? Cherche-t-on réellement à démocratiser le capital et faire coloniser? Non, puisque l'on fait parvenir une partie seulement de ce capital aux gens qui en ont besoin, qui seuls peuvent le faire fructifier à des taux archi-usuraires, qui vouent infailliblement tous ces malheureux à une misère certaine. Alors, pourquoi? Pourquoi? Et à force de chercher et de raisonner je crois avoir trouvé la solution du problème.

Ce n'est pas de la colonisation que l'on a voulu faire, c'est le vol et le tripotage que l'on a organisé sur une vaste échelle. On a voulu faire de la Banque de l'Algérie une vaste succursale de la maison Bonthoux et Cⁱᵉ, et je constate malheureusement qu'à cette heure tous les Bonthoux ne sont pas encore sous les verroux, cela viendra, espérons-le !

Je m'explique donc :

La banque créée par des hommes sérieux, probes et intelligents, a bien fonctionnée jusqu'au moment où les questions politiques, se faufilant partout, et des sinécures n'étant plus vacantes pour récompenser les services rendus, il a fallu frapper à toutes les portes et caser partout les amis. La banque commence donc à servir de réceptacle aux inutilités, aux incapacités.

Jusqu'en 1884, la Banque marchait avec un capital de dix millions. Jusque là, ses opérations avaient été sagement conçues et dirigées; elle distribuait chaque année 80 francs à chacune de ses actions; ses titres avaient atteint, sur nos marchés financiers, le cours respectable de 2.200 francs.

Il vint, un beau jour, à la tête de la direction et du conseil d'administration d'Alger, composé comme l'on sait en majorité d'hommes portant turban et larges culottes, ce que l'on appelle vulgairement le juif. Tous ces gros bonnets, ou plutôt ces gros turbans, avaient leur portefeuille gonflé de ces titres émis à 500 fr. et valant 2.200 fr. Ils imaginèrent donc (et il n'y a que des juifs pour avoir semblable imagination), de porter le capital de la Banque à vingt millions au lieu de dix millions, avec les conditions suivantes pour cette nouvelle émission :

Chaque porteur de titres anciens avait droit à la souscription d'une action nouvelle au prix de 900 francs, car les nouveaux actionnaires qui devenaient, comme les anciens, co-propriétaires des fonds de réserves, étaient obligés en raison de ce fait, de payer plus cher que lors de la première émission, qui ne possédait encore aucune réserve. On accordait également à chaque porteur de titres anciens qui n'avait pas les moyens de lever les nouvelles actions qui lui étaient attribuées par privilège, le droit de vendre ce privilège.

Ainsi, voilà un des premiers actionnaires de la Banque qui a pris, par exemple, cent actions à 500 francs, lors de la première émission, soit un capital employé de 50.000 francs.

A l'augmentation du capital, ces actions étant cotées 2.200 francs, sa fortune était donc de 220.000 francs, on lui attribuait, en outre, un privilège de 1.300 francs pour les nouveaux titres, ce qui lui faisait une petite fortune rondelette de 350.000 francs ; c'est, il me semble, assez coquet ! Mais, est-ce sérieux ? Est-ce que, en bonne vérité, on peut s'enrichir d'une façon aussi scandaleuse sans que ce soit au détriment de quelqu'un ? Est-ce qu'une opération semblable n'est pas un ignoble tripotage, une tromperie publique prévue par le Code ? Oui, certainement, car autrement il n'y aurait plus aucune sécurité.

Et, en effet, pourquoi la Banque a-t-elle augmenté son capital dans les conditions que l'on connaît, y était elle forcée ? Je n'hésite pas à répondre non. Pourquoi, d'un autre côté, une fois son capital doublé a-t-elle continué à distribuer à ses titres le même dividende de 80 francs ? Ses affaires et ses bénéfices le lui permettaient-ils ? Non, également.

L'augmentation du capital a été une vaste et infâme spéculation destinée à gaver les gros bonnets de la direction et du conseil d'administration d'Alger.

Les suites de cette opération devaient fatalement nous amener à une réaction et à la crise terrible que nous subissons aujourd'hui.

En effet, pour continuer à servir à vingt millions le même dividende qu'à dix, de façon à maintenir les cours jusqu'à ce que ces Messieurs aient pu alléger leur portefeuille, il fallait des affaires, de nouveaux agios, peu importait la qualité de ces affaires, il en fallait et on en a trouvé. C'est alors que le mot d'ordre est arrivé de pousser tout le monde à prendre de l'argent, faire de la propriété, en un mot créer du papier nouveau de façon à prouver aux gogos que la Banque, tout en doublant son capital, avait plus que doublé son chiffre d'affaires, et que, par conséquent, les cours des dix millions de titres nouveaux devaient avoir la même solidité que celui des dix millions anciens. C'était pas mal imaginé, et je suis forcé de reconnaître que les juifs sont passés maîtres dans cet art! Pendant que tout le monde prenait de l'argent que l'on offrait si gracieusement, pendant que le colon se lançait dans la création de la propriété, en pensant que cet âge d'or durerait toujours, les malins écoulaient leurs titres. Aujourd'hui ils ont fini, ils ont encaissés et se frottent les mains. Du fond de leur tanière, ils font le pied de nez et envoient leur rire sardonique aux pauvres imbéciles, aux pauvres naïfs, qui les ont soulagé du poids de leurs titres, en leur donnant en échange de beaux billets de la Banque de France ou des espèces sonnantes et trébuchantes. Aux colons, ils leur disent : misérable! rends nous l'argent que nous t'avons prêté! Le colon stupéfait, épouvanté par ces figures sinistres répond en tremblant : mais j'ai prêté moi-même une partie de cet argent au sol, l'autre partie étant restée entre les mains de vos usuriers, et je ne puis vous le rendre que quand le sol me le rendra.

Alors il n'y a pas d'imprécations, de menaces qui ne tombent de la bouche de ces misérables, sur la tête de ces malheureuses victimes. Et, en avant la musique! exécution de toutes sortes, expropriation et ruine complète. On ne se contente pas de leur avoir volé leur fortune, mais on veut encore leur ravir l'honneur sans lequel un homme ne peut cependant plus vivre : on le déclare en faillite.

Je connais quelqu'un qui, indigné de ces menaces farouches, leur a répondu : je vous permets de tout prendre, mais je vous défends de toucher à mon honneur, autrement justice expéditive sera vite faite! Si chacun leur répondait sur le même ton, je crois que leur arrogance et leur cynisme rentreraient bien vite dans les profondeurs de leur caverne de brigands.

Dire qu'en plein dix-neuvième siècle, et sous un gouvernement républicain, on tolère des scandales semblables, surtout à un établissement qui a un privilège de l'Etat, et dont la monnaie fiduciaire est garantie par l'Etat.

Il n'est pas possible que le ministre des finances d'alors et d'aujourd'hui ne soient pas complices, car celui d'alors aurait empêché ces tripotages, et celui d'aujourd'hui y mettrait fin en ordonnant immédiatement une enquête des plus sévères.

Aussi, aujourd'hui, où en sommes-nous?

Les principaux coupables ont pris, comme vous le pensez bien, la poudre d'escampette leurs portefeuilles dégorgés, ils ont passé la main. La Banque est archi-ruinée, les colons gisent à terre dans la plus affreuse des misères, la propriété a baissé de 80 %, les 20 % restant ne constituant encore qu'un cours nominal, les vignes, mal travaillées faute de ressources, se perdent chaque jour; les transactions sont complètement arrêtées, les exécutions de tout genre se succèdent, la terreur et le découragement règnent partout. Voilà où nous en sommes! voilà la situation actuelle!

Ah! Banque de l'Algérie! il faut que je t'arrache ton titre! Tu ne dois plus désormais t'appeler que ruine de l'Algérie! et il faut que les écumeurs, les détrousseurs, les faussaires, qui t'administrent encore, saches bien que malgré la terreur qu'ils ont su inspirer aux habitants de ce malheureux pays, il y a encore des hommes courageux pour dénoncer tes turpitudes et te traîner à la barre de l'opinion publique! Et nous verrons bien, M. le Ministre des finances, si vous continuerez à faire la sourde oreille et à fermer les yeux. Nous verrons bien, sénateurs et députés, qui n'ignorez pas cette situation désespérante et désespérée, si vous continuerez à nous abandonner et à vous endormir dans les délices de Capou!

Colons mes amis, si après mon avertissement les choses ne changent pas, nous n'avons qu'à nous grouper et mettre le gouvernement en demeure d'intervenir, et si, ce que je ne suppose pas, il restait encore sourd à notre appel, nous verrions ultérieurement à prendre ensemble telles mesures que réclameraient nos intérêts.

Quand je dis que la Banque et ruinée est archi-ruinée, je vais le prouver par l'éloquence des chiffres.

J'ai sous les yeux son bilan du 31 mai 1888. Qu'est-ce que j'y vois? Combien doit-elle? et que possède-t-elle pour payer ce qu'elle doit?

La Banque de l'Algérie, d'après son bilan au 31 mai 1888, doit :

1° Pour ses billets en circulation (billets de banque)... 65.234.250 »
2° Elle doit le montant de ses actions......... 20.000.000 »
3° — en comptes courants.............. 5.444.109 87
4° — au Trésor public................... 11.290.681 76
5° — aux trésoriers payeurs.......... 2.780.000 »
6° — comme dividendes à payer......... 948.496 10
7° — à divers 28.839 54

Elle doit donc un total de fr... 105.726.077 27

Voyons maintenant quelles sont ses ressources pour payer cette grosse somme :

1º Son encaisse métallique s'élevant à........   26.900.703 71
2º Ses avances sur titres...................   374.787 50
3º Ses avancés sur warants.................   110.000 »
4º Ses comptes extérieurs 457.018 13
5º Ses rentes sur l'Etat.............. . ...   10.088.741 40
6º Ses avances aux chambres de commerce...   3.119.802 12
7º Ses débiteurs divers (chiffre très discutable comme valeur).........................   1.926.880 07
8º Son fonds de prévoyance...............   500.000 »
9º Sa réserve immobilière..................   2.311.179 14
10º   —   extraordinaire...............   4.933.492 80
11º   —   statutaire...................   6.666.666 66

12º Ce qu'elle appelle ses effets à la caisse, c'est là où l'on trouve la situation de la Banque faussée ; elle compte dans ses effets à la caisse tout son papier en souffrance. Ainsi, à Philippeville, seulement, au 31 mai, il y en a pour plus de 2.000.000 francs

Son compte profits et pertes n'étant débité que d'une somme insignifiante (56.996 fr. 34). Je me demande ce que l'on a fait du papier Lhoddo et Rambert, Pernet, Marius et Cheviet, Pégod Ben Simon, etc., etc. Quel peut bien être le compte qui peut recueillir et cacher au public les nons-valeurs. On a fait certainement figurer ce papier comme effets à la caisse de façon à ne pas enfler le compte profits et pertes et ne pas effrayer l'opinion publique et surtout les porteurs de titres. Eh bien ! vos effets à la caisse, ô bonne Banque, que vous portez pour un chiffre respectable de 7.362.240 fr. 27 cent., représentent à peine trois millions, et je suis persuadé que celui qui voudrait vous acheter ce compte pour l'estimation que je lui donne, vous n'hésiteriez pas un instant à le lui céder, ci......   3.000.000 »

Que vous reste-t-il encore ?

Votre portefeuille ? Ah ! le beau portefeuille ! 69.292.123 fr. 57 cent.

Dans ce portefeuille vous avez à peine quinze millions de papier commercial ; mais je veux être large et vous concéder ce chiffre, ci............   15.000.000 »

A Reporter..........   75.389.271 53

Report............ 75.389.271 53

Il vous reste donc 54.292.123 fr. 57 de papier de propriété.

Par suite de vos agissements, vous avez fait baisser la propriété de 80 %, et encore le 20 % que l'on peut encore lui attribuer comme cote, est-il un cours tout à fait nominal, à ce prix on ne trouve pas une contre-partie sérieuse.

De plus, dans les 3/4 1/2 des cas vous arrivez pour ce gros chiffre en 2e, 3e et 4e ligne au bureau des hypothèques. Les nombreux exemples que nous avons sous les yeux depuis quelque temps prouvent que dans vos expropriations vous perdez tout. Le Crédit foncier n'étant couvert que parce qu'il pousse jusqu'à la limite de son prêt devient propriétaire. Et quand il vous arrive de vouloir pousser à la limite de ce qui vous est dû vous devenez également propriétaire.

Il n'y a donc pas à désespérer, pour peu que cela continue, dans un laps de temps peu éloigné, le Crédit foncier et la Banque seront les seuls colons du pays; ils n'auront donc qu'à contracter mariage et faire beaucoup d'enfants; mais j'ai bien peur qu'ils soient stériles l'un et l'autre ou qu'ils ne mettent au monde que des enfants malingres et scrofuleux.

La baisse de la propriété, qui est votre fait, entraîne donc fatalement dans la même proportion la baisse de votre papier reposant sur cette propriété. Et en admettant à votre profit que vous soyez toujours en première ligne, il s'en suit qu'il faut déduire 80 % de perte sur 54.292.123 fr. 57, soit 43.433.698 fr. 40. Il reste donc à porter à votre actif et susceptible d'entrer dans la ligne de compte de vos remboursements 54.292.123 fr. 57 moins 43.433.698 fr. 40, ou..................... 10.858.425 17

Que vous reste-t-il encore?

Vos immeubles? Ce que vous appelez Hôtel de la Banque. Vous les portez pour un chiffre de 2 millions 311.179 fr. 14. Il y aurait certainement une grande perte à faire subir à ces immeubles; mais

A reporter........ 86.247.696 70

$$Report\ldots\ldots\ldots\quad 86.247.696\ 70$$

je veux être bon prince, je vous accorde sans dimi-
nution l'estimation que vous en faites vous-même,

$$soit\ldots\ldots\ldots\ldots\ldots\ldots\ldots\ldots\ldots\ldots\quad 2.311.179\ 14$$

$$\text{Total de votre actif, fr}\ldots\ldots\ldots\quad 88.558.875\ 84$$

Récapitulation

Actif :   *Passif :*

88.558.875 84   105.726.077 27

Différence en faveur du passif :

17.167.201 43

En prenant sur votre capital-action ces dix-sept millions cent
soixante-sept mille deux cent un francs quarante-trois centimes qui
manquent à votre actif pour qu'il soit en balance avec votre passif,
il reste actuellement à vos actionnaires la somme de deux millions huit
cent trente-deux mille sept cent quatre-vingt-dix-huit francs cin-
quante-sept centimes (2.832.798 57), la répartition de cette somme
à faire entre quarante mille actions, la part de chaque action ressort
donc à 70 francs 80 centimes. Voilà votre situation, Banque de l'Algérie, vos titres valent aujourd'hui au grand maximum 70,80, et je
vous mets au défi de faire le moindre redressement à mon compte qui
est plutôt en votre faveur que contre.

Et c'est dans ces conditions que vous avez l'audace de continuer la
distribution des mêmes dividendes, que vous avez l'audace de publier dans les journaux des situations absolument fausses afin de
tromper l'opinion publique! Où prenez-vous ces dividendes que vous
distribuez? Pourquoi les distribuez-vous du moment qu'ils sont
fictifs? Vous les prenez sur les capitaux qui vous restent encore entre
les mains, et qui ne vous appartiennent pas, et vous les distribuez
dans le but unique de donner le change à l'opinion et de conserver un
cours factice à vos titres ; vous cherchez à prolonger votre agonie de
façon à pouvoir arriver au renouvellement de votre privilège, et à
décrocher le décret vous autorisant à fonder la Banque Tunisienne.
Vous croyez qu'au moyen de nouveaux tripotages financiers, que vous
avez déjà combiné, vous arriverez à remonter votre situation ; c'est
la seule planche de salut que vous semblez chercher à atteindre !

Eh bien, croyez-moi, cette planche est vermoulue, pourrie; votre situation actuelle et votre conduite passée ne permettent pas à l'Etat de renouveler votre privilège, pas plus qu'elles ne lui permettent de vous donner celui de Tunisie; c'est ailleurs qu'il faut chercher votre salut, votre chemin de Damas; c'est par une administration intelligente et honnête, ne craignant jamais de dire la vérité et toute la vérité; c'est en cherchant à remettre sur pied cette colonie que vous avez ruinée, tout en vous ruinant vous-même au profit de quelques habiles; c'est en ramenant la confiance, le crédit, les transactions, en faisant remonter la propriété que vous avez avilie; en un mot, c'est en donnant à ce pays le moyen d'occuper son activité et ses intelligences, de travailler et de faire des affaires, que vous le sauverez tout en vous sauvant vous-même. C'est là qu'est votre planche de salut, Banque de l'Algérie, ne l'oubliez pas, elle ne peut être ailleurs.

Mais je crois fort que je prêche dans le désert, que le degré de décomposition dans lequel vous a mis votre meute d'agioteurs, vous empêchera d'entendre le moindre avertissement; les saines raisons ne doivent plus avoir de prise sur votre cerveau détraqué. Ils vous ont mis sur la pente d'un gouffre effroyable, vous glisserez certainement jusqu'au fond. Si encore vous étiez seule engloutie! mais vous y entraînez avec vous la colonie entière. C'est donc pour cela qu'une enquête gouvernementale sévère est nécessaire.

Il faut que les coupables, quelque situation qu'ils occupent et à quelque classe qu'ils appartiennent, soient atteints et punis avec une sévérité exemplaire.

Il faut que l'Etat qui a donné sa garantie ou la garantie publique à votre monnaie fiduciaire, dont la circulation augmente de jour en jour, et menace de nous ramener au temps des assignats, fasse son devoir, et le fasse promptement, car il y a péril. C'est à lui à donner le premier coup de balai de façon à nettoyer les écuries et à faire tout rentrer dans un état normal et honnête. S'il faiblissait à ce devoir le public le ferait à sa place en l'accusant avec raison de complicité. Certes, il coule encore dans nos veines du sang des vainqueurs de la Bastille, nous ne pourrions pas sans passer pour des hommes dégénérés, et sans rougir, nous laisser ruiner, affamer, déshonorer et subir plus longtemps le joug des israélites composant votre conseil d'administration. Si on nous pousse à bout, notre cri de guerre et de ralliement sera : mort à tous les juifs.

Dans l'enquête que M. le Ministre des finances ordonnera, j'en suis persuadé, je le prie de poser tout d'abord à la direction et aux membres du conseil d'administration de 1884 le questionnaire suivant :

1º Pour quelle raison avez-vous porté le capital de la Banque à vingt millions au lieu de dix ?

2º Comment avez-vous fait pour distribuer jusqu'à ce jour 80 fr. par titre à 40.000 actions au lieu de 20.000 ?

3º Où vous êtes-vous procuré ces nouveaux revenus et par quels moyens ?

4º Dans votre nouvelle émission vous avez fait verser 900 francs par titre, c'est-à-dire 400 francs de prime pour que les nouveaux actionnaires puissent participer aux fonds de réserves existant et appartenant aux anciens, qu'avez-vous fait des huit millions que cette prime a rapporté ?

5º A quel compte les avez-vous affecté ?

6º N'auraient-ils pas servi à payer provisoirement des dividendes fictifs au lieu d'être versés aux comptes réserves ?

7º Vous avez donc un grand intérêt à soutenir sur le marché financier le cours de vos actions à 2.200 fr. et même à dépasser ce cours ?

8º Quel était cet intérêt ?

9º N'était-ce pas pour tromper le public et lui faire avaler un stock considérable d'actions dont vous étiez détenteurs ?

10º Vous, Monsieur le directeur général (chevalier), dont la fortune personnelle est estimée aujourd'hui à 60 ou 80 mille livres de rente, combien vous a rapporté cette opération ? Combien aviez-vous d'actions anciennes, et pour quelle somme avez-vous vendu vos privilèges ?

11º A vous, Messieurs le sous-directeur, le secrétaire général et membres du conseil d'administration je vous pose la même question, répondez ?

Les réponses à ce questionnaire seraient bien intéressantes, car l'opération de l'augmentation du capital de la Banque a rapporté le joli chiffre de 34 millions. Je crois être bien en-dessous de la vérité en disant que la direction et le conseil d'administration d'Alger ont encaissé pour leur part plus de 10 millions. N'est-ce pas scandaleux ? surtout quand l'on songe que ces gens de sac et de corde n'ont pas craint, pour s'enrichir, de ruiner la plus belle de nos colonies.

Il y a donc dans cette affaire une question de salut et de moralité publique. En avant donc, Monsieur le Ministre des finances ! votre devoir commence. Après renseignements pris, frappez et frappez fort ; il faut que ceux qui seraient tentés de recommencer dans l'avenir sachent bien que si la justice se fait attendre, elle n'en arrive pas moins sévère et inexorable pour les coupables. Donnez un exemple, et un bon exemple. Donnez satisfaction à tous ces nombreux malheureux auxquels on a enlevé la fortune, le courage, l'honneur et le pain quotidien de leur famille.

Et n'oubliez pas, Monsieur le Ministre, que la situation peut être encore sinon sauvée du moins beaucoup améliorée ; mais le temps presse. Pour cela, il faut faire cesser les exécutions actuelles, il faut laisser tous ces pauvres diables à la tête de leurs propriétés qu'ils ont commencé à créer et qu'ils ont arrosé de leur sueur, et il faut, à l'exemple des Américains, leur prêter encore avec mesure et intelligence l'argent nécessaire pour terminer ce qu'on leur a conseillé de commencer. Il s'agit de consolider au lieu de détruire, il faut tas er, ce n'est qu'une affaire de temps.

Dans ces conditions, on ne comprend donc pas ce qui peut pousser la direction actuelle à faire franchir à cet établissement avec une rapidité aussi vertigineuse les quelques étapes qui peuvent le séparer encore du fond du gouffre dans lequel disparaîtra la fortune de la colonie. :

J'ai eu l'honneur de voir et de causer deux fois avec M. Nelson Chiérico, le nouveau directeur de cet établissement. L'impression qu'il m'a produite comme à tous ceux qui l'ont approché a été des meilleures. C'est un homme sympathique, sur la phisionomie duquel on lit l'intelligence, la franchise et l'honnêteté. Sans le considérer comme un homme d'affaires accompli, j'ai cru remarquer qu'il y avait chez lui de l'étoffe et une ferme volonté de le devenir. Il n'y a donc certainement que son entourage qui ait pu le conseiller d'entrer dans une voie pareille, et, pour moi, ces conseils mauvais ne peuvent pas être désintéressés.

Que Monsieur le directeur général y prenne donc garde: Quand l'on co-habite avec des pestiférés on a quatre-vingt-dix-neuf chances sur cent d'attraper la peste, et s'il lui arrivait malheureusement de prendre le germe de cet entourage, c'est lui qui pourrait payer pour tous les autres. Il est arrivé à la tête de cette administration net de tout compromis ; il a accepté, malheureusement, sans se réserver le bénéfice d'inventaire, cette succession archi-mauvaise, il y est, je le plains sincèrement ; mais je me fais un plaisir en même temps qu'un devoir de lui crier : Prenez garde à vous, Monsieur le Directeur, vous finirez par supporter toutes les fautes commises par vos devanciers ! Prenez votre courage à deux mains et le taureau par les cornes. Aidez-vous au nettoyage des écuries, renvoyez de vos conseils tous ces hommes compromis de l'ancienne administration.

Faites publier des situations exactes, opposez-vous à la distribution de dividendes fictifs sans vous préoccuper du cours de vos titres. Pour arriver à remettre la Banque sur pied et rendre à son portefeuille son ancienne valeur, il faut soutenir le colon, le travailleur, il faut écarter sans merci de vos guichets tous les usuriers qui peuvent y avoir encore accès, et combiner le moyen de donner, dans de bonnes conditions, les capitaux à celui qui produit.

Ne laissez plus faire aucune exécution. Pour la situation présente, inspirez-vous du système américain, entourez vos succursales d'hommes spéciaux qui étudieront de près les besoins que peut encore réclamer la propriété, et ne craignez pas de faire prêter à cette propriété, elle vous rendra capital et intérêts ; ce n'est qu'une question de temps.

J'en étais là, lorsque, le 25 juin dernier, des affaires m'appelèrent à Alger. Nous étions encore sous le coup de la déclaration de faillite Perney, de Jemmapes, et des menaces du même sort qui nous étaient journellement prodiguées par le directeur de la succursale de Philippeville (M. Rouget).

Très touché, moi-même, par cette situation générale désastreuse, et, menacé aussi, je pris la hardiesse d'écrire à Monsieur le Directeur général, ma lettre, du 29 juin, que je reproduis ci-dessous :

« Alger, le 29 juin 1888.

« *Monsieur le Directeur général de la Banque de l'Algérie,*

« Excusez-moi, je vous prie, de la liberté que je prends de venir vous entretenir personnellement de la situation générale actuelle.

« Je ne possède, il est vrai, aucun titre officiel, aucun droit, il n'y a que mon profond attachement à l'Algérie et l'estime que j'ai pour votre personne qui me poussent à cette démarche. Avec ma brutale franchise, Monsieur le Directeur, connue déjà de votre prédécesseur, je viens vous dire que l'établissement financier que vous dirigez court avec une rapidité vertigineuse à la plus terrible des catastrophes, et y entraîne avec lui la colonie entière.

« Il y a plus de trois ans, je suis venu exprès de Philippeville à Alger pour m'entretenir avec M. Chevalier, alors directeur général, et lui donner mon appréciation personnelle sur les folles affaires entreprises par la Banque de l'Algérie. Je prédisais à M. Chevalier que dans un délai de moins de trois années nous arriverions à une crise terrible, si on ne mettait pas immédiatement bon ordre à l'état de choses actuel. M. Chevalier, parut ému de mes révélations, car, huit jours après notre entrevue il vint à Philippeville et eu l'air d'arrêter la danse ; mais je constate qu'il n'eut pas la force de caractère ou peut-être la volonté de remédier radicalement à cette situation.

« Epouvanté sans doute par l'importance du mal qu'il constatait, complice ou peut-être auteur principal du tripotage, il préféra donner sa démission, pensant, sans nul doute, qu'il lui serait donné un successeur qui lui servirait de paravent.

« Malheureusement, c'est vous, Monsieur le Directeur, que le destin a choisi pour servir de couverture à toute la bande, c'est vous qui serez peut-être bientôt exécuté pour tout ce monde interlope. Les vrais coupables auront encaissé, se frotteront les mains, et vous, la naïve, l'honnête victime, paierez de votre honneur et peut-être de votre liberté, les fautes que vous n'aurez pas commises.

« Le temps presse. Tout peut être encore réparé, mais il faut que vous preniez votre courage à deux mains; il faut vous rendre un compte exact de la situation et préparer immédiatement la potion qui doit être administrée au moribond.

« Jusqu'à présent, permettez-moi de vous le dire, vous vous êtes complètement trompé de route; mais pour mon compte je n'y trouve rien d'extraordinaire. Car on vous a envoyé à la Banque, pays inconnu de vous, il n'y avait donc que les indigènes de ce pays qui pouvaient vous indiquer, dès le début, le bon chemin. S'ils vous ont montré le mauvais, ils l'ont fait à dessein, car ils ont encore des intérêts à servir ou des responsabilité à vous faire endosser.

« Et, en effet, est-il admissible que quand on a jeté aussi follement l'argent à la tête d'un pays en l'engageant par tous les moyens possibles à prêter cet argent au sol, que l'on puisse venir en demander le remboursement avant l'échéance que le sol a souscrit à ses prêteurs, échéances qui lui sont dictées par les lois naturelles? Non, cela est folie et témérité !

« La terre, la propriété sont des débiteurs sur lesquels on peut toujours compter, mais à condition qu'on ne leur marchande rien jusqu'à ce que leurs lois naturelles leur permettent le remboursement.

« L'Algérie est un pays essentiellement agricole, les quelques industries que des hommes courageux ont essayé d'y acclimater n'ont pas réussi ; elles sont toutes aujourd'hui, grâce en partie à la sagesse et aux grandes capacités de nos gouvernants, dans un état de stagnation ou d'abandon complet.

« Il ne reste donc que la culture; c'est de ce côté que tous les yeux doivent se tourner.

« La Banque de l'Algérie a des intérêts considérables engagés dans la propriété, la banque ne peut donc et ne doit sous aucun prétexte abandonner ce seul élément de richesse. Elle doit, au contraire, constamment s'inspirer et chercher à s'infiltrer ce principe économique : c'est que chaque hectare de terre non cultivé et ensemencé, chaque hectare de vigne non soigné, est une perte publique, et partant une perte pour la banque, car son portefeuille reposant en majeure partie sur la propriété, et garanti par elle, subit dans la même proportion toutes les fluctuations de cette propriété.

« En partant de cette ordre d'idées, qu'a-t-on fait ? Que fait-on aujourd'hui ? Et que faut-il faire ?

« Je vais faire de mon mieux pour expliquer les 2 premiers points d'interrogation, raisonner et résoudre, si possible, le problème que comporte le troisième.

« Ce que l'on a fait ? On a doublé, à un moment donné, le capital de la banque sans qu'il en soit aucunement besoin. On a jeté sur le marché financier vingt millions de titres au lieu de dix millions. Les promoteurs de cette affaire, ceux qui l'avait conçue et combinée dans un but purement spéculatif ne tardèrent pas à se trouver en face du dilemne suivant : où il faut servir à ce nouveau capital le même dividende qu'à l'ancien, ou nos titres seront promptement dépréciés et alors notre combinaison machiavélique aura avortée et nous en serons pour les frais. Nous avons l'habitude de distribuer 80 fr. par action, la situation actuelle du pays le permet, nos titres ont un cours solide de 2,200 et sont capitalisés comme les meilleures valeurs de portefeuille à moins de 4 %; mais où prendre à l'avenir les 80 fr. par action à distribuer au capital nouveau de façon à en maintenir la cote, et de façon aussi à nous permettre de dégarnir nos portefeuilles bourrés jusqu'à la gueule ?

« Peu nous importe, à nous qui voulons faire une affaire, si ces nouveaux agios dont nous avons tant besoin seront sérieux ou fictifs; il faut qu'ils se trouvent !

« Je n'ai jamais écouté aux portes, mais voilà logiquement et assurément le langage tenu, et le problème posé par ces habiles spéculateurs, et je les mets bien au défi de me contredire.

« Alors voilà tout ce monde à la recherche de ces nouveaux agios. Plus heureux que Diogène qui n'a jamais trouvé son homme, eux ont trouvé des agios (fictifs il est vrai), mais ils les ont trouvé, en poussant le colon algérien à la création de propriétés, et partant à celle de papier nouveau.

« Une fois le coup réussi, les plus compromis de cette scandaleuse affaire ont disparu et ont passé la main en se disant : A la garde de Dieu ! si rien n'arrive tant mieux, s'il arrive quelque chose au contraire, nous aurons encaissé et notre responsabilité sera peut-être à couvert.

« Voilà ce que l'on a fait !

« Ce que l'on fait aujourd'hui ?

« Au lieu de soutenir cette situation que l'on a cherché et créé, la nouvelle administration dont vous êtes le chef se berçant d'illusions, ou subissant encore l'influence de l'ancienne, veut à tout prix faire rentrer des capitaux qui n'existent plus, qui ont été enfouis par les naïfs et crédules colons dans le sein de la terre. Votre administration aura donc beau faire, elle n'arrivera à rien si elle ne sait attendre et si elle ne donne aux colons les moyens d'avancer encore à la propriété tout ce qui lui manque.

« Les expropriations se succèdent, on ne compte plus les exécutions de toutes sortes, les colons sont consternés, découragés et plongés dans la plus noire misère; les vignes se perdent, les terrains de culture ne sont plus ensemencés, les transactions sont suspendues, les capitaux libres affolés, la terreur est partout, et comme corrolaire naturel de tout cela, la propriété n'a plus aucune valeur; le cours

que l'on est convenu de lui donner encore aujourd'hui n'étant que
nominal. Voilà M. le Directeur le bilan actuel ! Voilà ce que l'on fait !

« Lorsque le cataclysme prochain et inévitable arrivera, quel sera
le langage des anciens, des habiles, des tripoteurs, à votre égard ? Il
est facile à deviner, ils vous diront : Mais nous n'y sommes pour rien,
nous vous avons laissé une situation prospère, des titres bien cotés,
tout marchait on ne peut mieux, aucune exécution n'avait encore eue
lieu, etc., etc. Si le pays et la banque sont dans cette situation, c'est
votre fait et c'est vous qui devez en assumer toutes les responsabilités
et en subir tous les châtiments.

« Voilà le langage fourbe et lâche qui vous sera tenu par tout ce
monde interlope : c'est la vérité dans toute sa simplicité et toute sa
crudité.

« Réfléchissez et tenez-vous donc bien sur vos gardes !

« Cette situation désastreuse intéresse donc au plus haut point tout
le monde, et chacun de nous doit s'occuper de trouver le moyen d'en
sortir, afin de ne pas être submergé et irrémédiablement perdu.

« Pour mon compte, de tous les problêmes que je me suis posé,
je n'entrevois que les deux solutions suivantes, que je me fais un
devoir de vous communiquer et afin de répondre à mon 3me point
d'interrogation.

« 1° La Banque ne doit plus faire aucune exécution. Elle doit
s'inspirer et se renseigner sur les nouveaux besoins de la propriété et
faire donner à cette dernière tous les soins qu'elle peut encore réclamer. Elle devrait attacher à toutes ses succursales des hommes
spéciaux, des inspecteurs, qui distribueraient les capitaux nécessaires
pour terminer et amener à pleine production lesdites propriétés. Ce
système bien certainement nécessiterait de la Banque, un service
spécial, comme celui de la Compagnie Algérienne par exemple, et
l'obligerait à sortir ouvertement de ses statuts.

« Mais comme noblesse, nécessité oblige. Cette combinaison n'aurait pour la Banque que l'inconvénient d'une immobilisation de
capital de quelques années ; mais je suis persuadé qu'elle arriverait
à récupérer son capital et ses intérêts.

« Maintenant voici la 2me solution, qui, selon moi, serait la plus
pratique et la plus avantageuse pour tout le monde ; elle permettrait
à la Banque de liquider presque immédiatement son portefeuille de
propriété et elle donnerait aussi à cette propriété une plus-value effec-
tive assez considérable.

« Je vais vous tracer les grandes lignes de cette opération telle que
je la conçois.

« J'admets, par exemple, que la Banque ait dans son portefeuille
quarante millions de papier reposant sur la propriété. C'est donc une
propriété de quarante millions que possède la banque, propriété qui

demande encore de l'argent pour se terminer et donner de sérieux revenus. J'estime qu'actuellement il faudrait encore 20 °/₀ de ce capital pour arriver au bout.

« La Banque a donc une propriété de quarante millions dans laquelle elle a encore dix millions à dépenser.

« Eh bien, selon moi, elle ne devrait pas hésiter un instant à le dépenser, ou autrement cette propriété qui lui a coûté quarante millions et qui est sur le point de lui rapporter intérêt et amortissement serait vite perdue, et, partant, son capital aussi.

« De la façon dont se conduit la Banque actuellement, on voit donc bien clairement qu'elle n'est pas disposée à dépenser ces dix millions pour finir sa maison. Il faut donc qu'elle passe la main à quelqu'un, il faut qu'elle se fasse la promotrice de la constitution d'une Société au capital de cinquante millions, cette Société, que l'on pourrait appeler de liquidation, pourrait être constituée pour une durée de quinze années, et prendre, par exemple, pour titre : *Compagnie Immobilière et Agricole algérienne.*

« Tous les obligés de la Banque seraient invités par elle à devenir associés de cette Société, en donnant à cette dernière comme apport social leurs propriétés dont l'estimation devrait être faite sur les bases suivantes :

1º Pour la vigne de première feuille en bon état   900 fr. l'hectare.

2º   —   de deuxième   —   1.300   —

3º   —   de troisième   —   1.600   —

4º   —   de quatrième   —   2.000   —

« Les terres de labour suivant leur nature et leur propreté devraient être estimées de 100 à 500 fr. l'hectare.

« Les mines, carrières, forêts, maisons en villes, suivant estimation spéciale.

« Les constructions et le matériel existant sur la propriété rurale devraient être compris dans les estimations ci-dessus.

« Ces prix sont certainement bien bas et représentent à peine le 50 °/₀ du revient de la propriété ; mais ils seraient suffisants pour couvrir ce que ces obligés peuvent devoir à la Banque, et ils seraient en même temps une cote, je dirai presque officielle, de la propriété.

« Le montant d'une propriété apportée ainsi à la nouvelle Société, et estimée sur les bases ci-dessus, serait versé au colon sociétaire en actions libérées de 500 francs ; ces titres seraient remis à la Banque de l'Algérie en échange et en paiement de son papier de circulation.

« Ce colon resterait à la tête de sa propriété comme gérant avec une part de 50 °/₀ dans les bénéfices nets de son exploitation ; 45 °/₀ de ce bénéfice lui revenant à chaque exercice annuel resteraient entre les mains de la Société pour lui constituer un fond de réserve destiné au rachat.

« Ce sociétaire conserverait donc le droit de racheter sa propriété à la Société quand bon lui semblerait pendant un délai de quinze ans, en payant à celle-ci au moment du rachat une plus-value de 15 % sur l'estimation initiale, et en payant en plus toutes les dépenses faites par la Société, pour construction, matériel et nouvelles plantations faites par elle.

« La Société se réserverait le droit de congédier et de remplacer tous ceux d'entre eux qui commettraient des fautes graves et qui ne géreraient pas convenablement leur propriété, elle se réserverait également le droit de retenir les sommes qui pourraient exister à leur fond de réserve pour en faire profiter le successeur installé par elle.

« La Société devrait avoir son siège social à Alger, et le directeur de la Banque de l'Algérie comme président de son conseil d'administration : elle devrait avoir des bureaux ou des succursales dans toutes les localités où il y aurait plusieurs propriétés importantes ; ces agents seraient chargés de la surveillance des colons gérants, d'établir les feuilles de paie des ouvriers, contradictoirement avec eux, de payer les ouvriers, de tenir la comptabilité et de correspondre régulièrement avec Alger où tout serait centralisé.

« Les colons ainsi surveillés, restant à la tête d'une propriété qui est leur œuvre, mais qu'ils ne pouvaient conserver faute de fonds nécessaires, débarrassés d'un autre côté du terrible souci des échéances, l'espoir, et je dirai même la certitude de redevenir propriétaire, la crainte constante de perdre leur fonds de réserve, en feraient pour la Société des auxiliaires des plus précieux. Ces gens-là feraient le plus possible par eux-mêmes pour éviter ou restreindre les frais généraux ; ils apporteraient à leur propriété les vrais soins du père de famille de façon à ce qu'elle soit toujours en bon état et produise beaucoup ; car leur objectif constant, le but qu'ils chercheraient à atteindre, serait l'augmentation de cette réserve individuelle qui devrait être leur planche de salut et leur affranchissement.

« Maintenant examinons un peu si après avoir remis 50 % des bénéfices aux colons il resterait suffisamment pour payer au capital-action un dividende raisonnable après avoir déduit les frais d'administration et une réserve de prévoyance.

« J'en suis convaincu, et je vais le démontrer :

« J'admets en principe que la vigne et les terres de labour estimées comme il est dit d'autre part donnent un revenu moyen, je dirai même minimum de 30 % brut du capital engagé. Et voici comment je l'explique :

« 1° Pour les vignes, je prends celles en rapport, celles de quatrième feuilles et au-dessus. (Depuis deux ans que la crise a commencée, les plantations ont été arrêtées, et nous sommes donc actuellement en présence de vignes de quatrième feuilles, celles de troisième existant presque à l'état d'exception). Cotées 2.000 francs l'hectare.

« Pour rapporter 30 % brut du capital, il faut un revenu de 600 francs par hectare. — Eh bien ! l'expérience a démontré que l'on pouvait compter en Algérie sur un produit moyen de 50 hectolitres à l'hectare pour de la vigne bien·soignée. Donc, 50 hectolitres de vin à un prix moyen de 15 francs l'hect·;litre, soit 750 francs sur un capital engagé de 2.000 francs par hectare, c'est donc du 37.50 pour cent. Je suis donc dans le vrai et en-dessous de la vérité en donnant comme base 30 %.

« 2° Pour les terrains de labour je vais prendre aussi comme base la moyenne d'estimation, 250 francs l'hectare et lui faire supporter encore tous les frais d'exploitation.

« Dans ces terrains, surtout ceux situés sur le littoral, au moyen de bons labours seulement et sans fumure, en changeant la semence chaque année, et en laissant de temps en temps en jachères qui donneront d'abondantes récoltes de fourrage, on peu récolter une moyenne de 12 à 15 quintaux métriques de blé par hectare.

« En prenant le chiffre 12 quintaux seulement, multiplié par 20 francs, cours moyen, on arrive à un rendement brut de 240 francs par hectare pour le grain seulement. On a, en outre, un minimum de 12 quintaux de paille à 5 francs le quintal, soit 60 francs. — Donc, en tout, l'hectare de terre à 250 francs donne, ensemencé en blé, un revenu brut de fr.   300   »

« Les cultures d'avoine et d'orge donnent à peu de choses « près les mêmes résultats.

« Voyons un peu les frais que nécessite le travail et l'ensemencement de cet hectare de terre :

1° Un bon labour à la charrue fixe estimé	40	»
2° Un hersage et un coup de rouleau	10	»
3° Un moissonnage	20	»
4° La semence	20	»
5° Battage, mise en sac et expédition	20	»
Total	110 »	110 »

Soit bénéfices nets par hectare fr.   190   »

« J'arrive ainsi par la brutalité des chiffres basée sur l'expérience à un revenu net de 190 francs pour un capital engagé de 250 francs, soit plus de 75 % net. Il faudrait donc des récoltes bien médiocres pour que mon estimation brute de 30 % ne soit pas toujours atteinte. Là encore je suis bien au-dessous de la vérité.

« Quant aux autres propriétés : mines, carrières, forêts, maisons de ville, propriétés d'agrément, etc., la Société aurait à s'ingénier pour en tirer le meilleur parti possible.

« Par les quelques chiffres qui précèdent, je crois donc avoir établi que la propriété rurale payée au prix d'estimation que j'ai indiqué, peut et doit rapporter annuellement et sans craindre de mécomptes, sauf les cas de force majeure tout à fait imprévus, un revenu de 30 % brut du capital engagé.

« Par exemple, un capital de cinquante millions rapportant 30 % donnerait quinze millions de revenus bruts, ci....   15.000.000   »

« Je compte pour frais d'exploitation de la vigne, et en admettant pour être large que les cinquante millions soient représentés par de la vigne, 10 pour cent du capital total engagé, soit...............:   5.000.000   »

Reste fr.. ... .   10.000.000   »

« A répartir comme suit :

50 % aux colons sociétaires, soit ....   5.000.000   »

10 % à la réserve de prévoyance...................   1.000.000   »

2 % frais d'administration..   200.000   »

38 % aux actionnaires......   3.800.000   »

10.000.000   »

« En tablant sur ces bases et sur ces chiffres presque indiscutables, le capital action toucherait donc 3.800.000 francs chaque année, soit cent mille titres, 38 francs par titre ou 7 1/2 %. Et tout cela sans parler des réserves qui pourraient être disponibles au bout de quinze ans ; mais qui, dès à présent, ne doivent pas entrer en ligne de compte, puisqu'elles peuvent être absorbées à un moment donné par des cas de force majeure. Et sans compter aussi la prime de rachat qui s'élèverait à 7 millions et demi.

« Les colons intéressés auxquels on aurait versé pendant l'année agricole une certaine somme comprise dans les frais d'exploitation pour subvenir à leurs besoins personnels journaliers toucheraient encore à la fin de chaque exercice annuel 5 % sur les 50 % qui leur seraient alloués sur les bénéfices nets de leur exploitation. Ce 5 % leur servirait d'argent de poche, et leur permettrait de se payer quelques douceurs, ce qui serait un élément de prospérité pour la gent commerciale du pays. Donc, 5 % à prélever sur cinq millions leur revenant à titre d'intéressés à 50 %, soit 250.000 francs à leur distribuer à chaque exercice. Il resterait donc 95 % des cinq millions leur revenant ou 4.750.000 francs à porter chaque année au compte de leur réserve individuelle, réserve spécialement affectée à leur rachat. Par conséquent, 4.750.000 francs multipliés par quinze années d'exercice, soit un capital de soixante-onze millions deux cent cinquante mille francs (71.250.000 fr.), sans compter la capitalisation des intérêts.

« On peut donc dire et affirmer, à juste titre, qu'au bout de quinze ans, les malheureux colons d'aujourd'hui seraient avec 71.250.000 francs plus les intérêts, largement en mesure de racheter leurs propriétés, qui seraient alors bien terminées, et dans toute la force du rendement, propriétés qui auraient coûtées 50 millions à la Société, et que celle-ci devrait rétrocéder pour le même prix en se contentant seulement d'une prime de rachat de 15 °/₀ ou 7 millions et demi. — Dans ces conditions, au bout de quinze ans, les colons intéressés auraient leurs propriétés nettes de toutes charges, et il leur resterait encore après avoir vécus et n'avoir été privé de rien, un capital de treize millions sept cent cinquante mille francs plus les intérêts de leur fonds de réserve capitalisés chaque année au taux de 4 ou 5 °/₀, ce qui leur constituerait encore un magot fort respectable.

« Quant aux actionnaires, ils toucheraient annuellement 7 1/2 de dividende, et au bout de 15 ans auraient à se partarger 7 millions 1/2 de primes de rachat, plus 15 millions de réserve dans le cas ou aucun cas de force majeure ne serait venu l'entamer.

« Il me semble donc que la Banque qui aurait pour cinquante millions de semblables titres, ne serait nullement embarrassée pour les liquider très promptement sur nos marchés financiers; ce placement reposant sur la propriété estimée à 50 °/₀ seulement de son prix de revient, serait on ne peut mieux garanti, son dividende reposant sur le travail et le revenu agricole, offrirait également la plus grande source de sécurité que l'on puisse exiger en ce monde; ce serait, en un mot le vrai placement du père de famille.

« Cette société qui serait momentanément la tutrice de ces malheureux pleins de bonne volonté, serait aussi la régénératrice de la propriété et de la fortune de la colonie; en même temps elle serait une œuvre moralisatrice, car beaucoup de colons qui peuvent avoir des penchants d'ivrognerie, de paresse, etc., etc., rentreraient dans la bonne voie d'où ils ne sont sortis qu'à la suite de grands ennuis provenant de leur situation embarrassée.

« Cette société permettrait en outre à la Banque de rentrer immédiatement dans ses capitaux et dans ses statuts et de profiter du mouvement commercial important qui ne se ferait pas attendre et qui en serait la suite naturelle.

« Telles sont, Monsieur le Directeur général, les grandes lignes de cette combinaison qui sauverait tout le monde, j'en suis persuadé. C'est la potion, c'est le remède radical que vous devez administrer immédiatement, autrement, avant un an, la Banque de l'Algérie et la colonie auront vécues ; le mal sera considérable et irréparable.

« Dans moins de 6 mois, cette société pourrait être constituée, afin de pouvoir commencer la saison agricole prochaine.

« En terminant, je souhaite donc bien vivement, Monsieur le Directeur, que mon cri d'alarme soit entendu et compris, que mes avis et mes idées vous servent à nous sortir tous, au plus vite, du terrible pétrin où une spéculation criminelle nous a plongé.

« En attendant je vous prie d'agréer l'assurance de ma considération la plus distinguée.

« E. Lémard. »

Après l'envoi de cette lettre j'eus une entrevue avec Monsieur le Directeur général, qui me reçut avec son affabilité et sa courtoisie habituelle. Nous échangeammes quelques idées, mais sans nous arrêter à aucune solution ; je crus remarquer chez lui de l'hésitation et du tâtonnement. Nous sommes à environ un mois de cette entrevue, et, rien n'est changé dans la situation, si ce n'est une aggravation de la maladie. Depuis, on vient encore de mettre en liquidation une situation dont le passif est de 90,000 fr. et l'actif de 260,000 fr. Là encore il y a une propriété et une belle propriété, dans laquelle le liquidé a déjà englouti plus de 100,000 fr., propriété qui demande encore un capital d'au moins 15 à 20,000 fr. pour être complètement terminée.

Eh bien ! il faut que la banque termine cette propriété ou cet actif serait complètement compromis. Est-elle en mesure de faire ce travail avec économie et avec toute l'intelligence et la compétence voulues ? Je n'hésite pas à répondre, non.

Le système de liquidation qu'elle semble vouloir adopter, n'est pas un remède, c'est tout au plus un mauvais ressemelage fait par un charron au lieu d'un cordonnier, ressemelage qui n'aboutira à aucun résultat général sérieux. Et, en effet, si on met tout le pays en liquidation, on arrêtera le travail, les affaires, la production et l'initiative intelligentes. Un homme en liquidation est complètement paralysé ; il est mis en tutelle. C'est donc un capital, et un sérieux capital immobilisé. Et c'est comme conclusion l'immobilisation et la liquidation de la Banque elle-même. Il ne faut pas sortir de ce principe : nous vivons tous aux dépens les uns des autres, notre machine économique est composée de nombreux rouages, si quelques-uns ou tous ces rouages sont faussés ou cassés, la machine s'arrête ou bien tout craque, tout casse.

Dans ces conditions, et voyant la Banque continuer à suivre le mauvais chemin qu'elle a pris, et dont elle paraît ne vouloir sortir, malgré les avis et les conseils, il ne faut pas être prophète, ni bien malin, pour lui prédire ce qui lui arrivera avant peu. J'estime que le chiffre de ses effets à la caisse ou, comptablement parlant, ses profits et pertes, atteindra la somme de quinze millions d'ici le 31 décembre prochain — ce n'est pas loin. — La circulation de sa monnaie fiduciaire augmentera aussi dans de grandes proportions d'ici cette époque (je lui verrais atteindre le chiffre de quatre-vingt millions que je n'en serais nullement étonné), ce sont les deux facteurs qui représentent le manomètre de la machine de l'établissement, et qu'il suffit de surveiller.

J'attends avec une certaine impatience, la réunion de la prochaine assemblée générale des actionnaires, pour voir si on osera dévoiler à ces derniers la vérité, ou, au moyen de quel stratagème, de quelles bourdes, de quelles pilules dorées, on arrivera, au contraire à la leur cacher. — Si on leur annonce la vérité, on leur annoncera également la suppression de tout dividende jusqu'à nouvel ordre, ce qui veut dire longtemps, de là effondrement du cours des titres : ce sera le commencement de la fin.

Si, au contraire, on arrive à leur cacher cette vérité, la situation pourra encore se traîner péniblement pendant quelques temps, mais gare ! Le krach et les désastres n'en seront que plus considérables et plus terribles, ce sera un coup de foudre pendant lequel personne n'aura le temps de se garer et de se reconnaître. C'est alors que l'heure des responsabilités sonnera !

Nous en reparlerons dans une deuxième édition.

Attendons !

Philippeville, le 30 juillet 1888.

E. LÉMARD.

SAINT-ÉTIENNE, IMP. BALAY, RUE DE LA BOURSE, 26, PRÈS LA RUE DES JARDINS.